Jutta Bauer

Der Bärbeiß
sieht alles

Ein Such- und
Findebuch

Hanser

Das ist Timbuktu. Der Bärbeiß, das Tingeli und alle anderen Bewohner spazieren aus dem Dorf.

Finde **14** Unterschiede. Schau genau!

Rutschen macht Spaß!
Finde **7** Unterschiede.

Alle **6** Bärbeiße sind verschieden.
Welche Unterschiede siehst du?

1ch bin so allein....

Im Frühling umschwirren den Bärbeiß die Bienen. Die meisten haben blaue Flügel, aber es gibt auch welche mit grünen, gelben oder roten. Und Bienen mit Fühlern und sogar welche mit Hütchen. **Zähle!**

Das Tingeli, ein Hase und der Königspinguin bestaunen
die Glühwürmchen am Abendhimmel.

Finde **8** Unterschiede.

Das Tingeli möchte Seilspringen. Doch das Seil ist gerissen und ganz verwickelt. Findest du das Springseil, das noch heil ist?

Frühjahr Sommer
Herbst Winter

Kennst du die vier Jahreszeiten?
Welcher Baum gehört zu welcher Jahreszeit?

Der Bärbeiß und seine Freunde machen ein Picknick.

Finde **10** Unterschiede.

Die Bewohner aus Timbuktu machen eine Wanderung. Sie haben sich bunt und ganz verschieden angezogen. Sie gehen über eine Wiese mit grünem Gras und vielen farbigen Blumen. **Male aus und dazu!**

So viele Hasen. Sie sind kaum auseinanderzuhalten.
Welche sind genau gleich?

Alle bestaunen Schaf. Finde **8** Unterschiede.

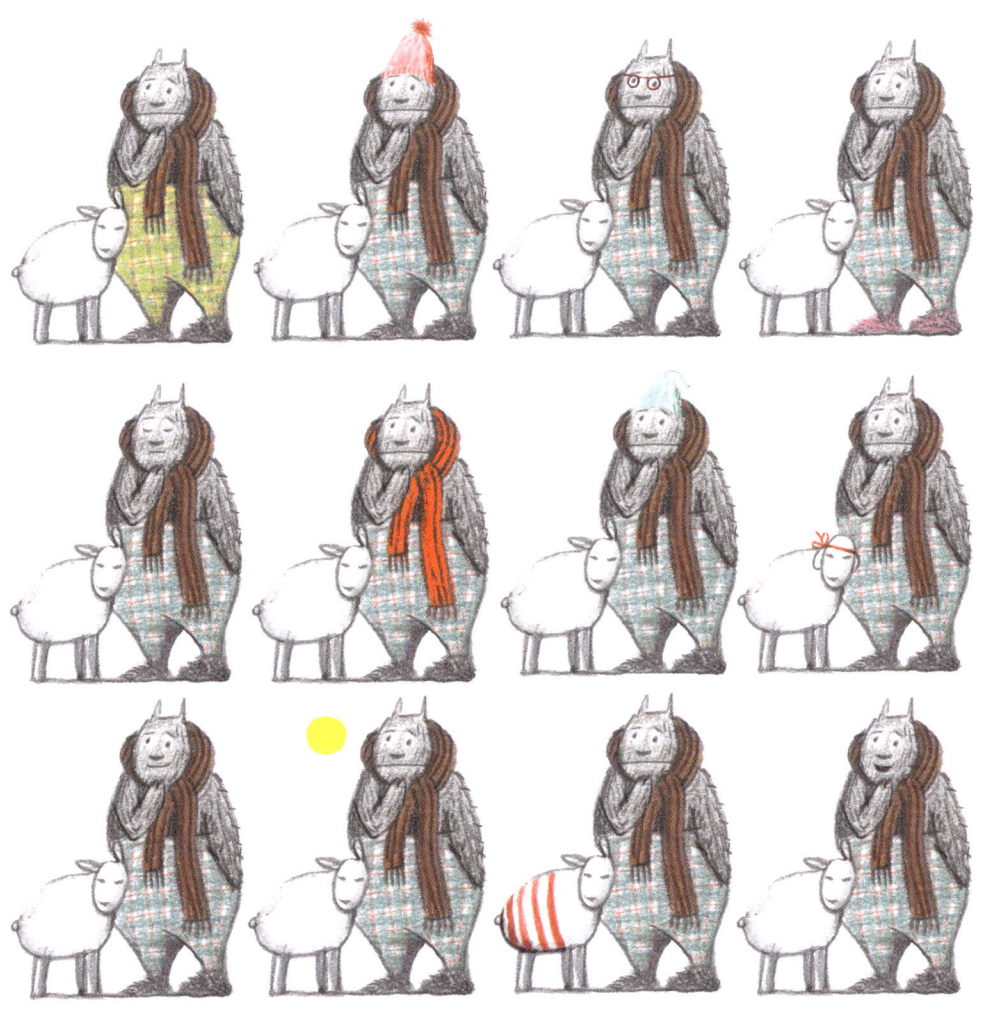

Hier siehst du **12** Mal den Bärbeiß mit Schaf. Der mit dem gelben Punkt ist der richtige Bärbeiß. Was ist bei den anderen anders?

Im Herbst ärgert sich der Bärbeiß über die vielen roten und gelben Blätter, die herunterfallen. Einige grüne Blätter hängen noch am Baum. Wie viele sind es? **Zähle!**

Im Wald ist es dunkel und etwas unheimlich.
Überall in den Bäumen sind kleine Eulen versteckt.

Wie viele Eulen sind es?
Und wie viele Hasen? **Zähle!**

Es ist Nacht. Das Tingeli heult den Mond an.
Das gefällt dem Bärbeiß.

Finde **10** Unterschiede.

Lösungen

Seite 2|3

Berg – Sonne – weiteres Tier am Schluss
bei den Wanderern – weiterer kleiner
Baum hinten auf der Wiese – weiteres
Faultier am Baum – Tür blau – Ente auf
Teich – Fliesen vor rosa Haus – Muster
Markise – 2 Äpfel am Boden – Brot auf
Tisch – Mülleimer vor Bärbeißgarten –
Bärbeißhaus weiteres Fenster – weiteres
Fenster im Haus mit gelber Tür

Seite 4 oben

von links nach rechts: Mütze – Pinguin
steht Kopf – Rosa Schal woanders –
Hose grün statt rosa – Füße Reiherkind
gestreckt – Zipfelmütze statt Ohren –
Beine Schaf

Seite 4 unten

von links nach rechts: Pinselohren –
Augen – Nase – Mund – Zunge – rechte
Pfote versteckt unter Wolldecke

Seite 6|7

Taschenlampe Pinguin – Laterne
Ohren – linke Kerze breiter – kleines
Tier neben Kerze – rote Punkte
Glühwürmchen – Augen Tingeli –
Augenbraue Tingeli – Ringelleggings
Tingeli

Seite 5

22 blaugeflügelte Bienen, 2 grün-
geflügelte und 2 rotgeflügelte Bienen,
7 Bienen mit Fühlern, 2 Bienen mit
Hütchen, 1 Biene mit Frucht, 1 Biene
mit Schleife anstatt Flügel, 1 Biene mit
Schleife anstatt Fühler, 1 rote Biene,
1 spitzgeformte Biene

Seite 8

Seite 9

Seite 10|11

Blaue Eiskugel – Reiher auf Schirm
dicker – Mütze Reiher unten am
Schirm – Bikinihose Reihermutter –
Fisch-Wurst Pinguin – Schaukel
Reiherkind-Bein – Mütze Hase –
Mund Bärbeiß – Baum-Ast – Muster
Hasenhose

Seite 14

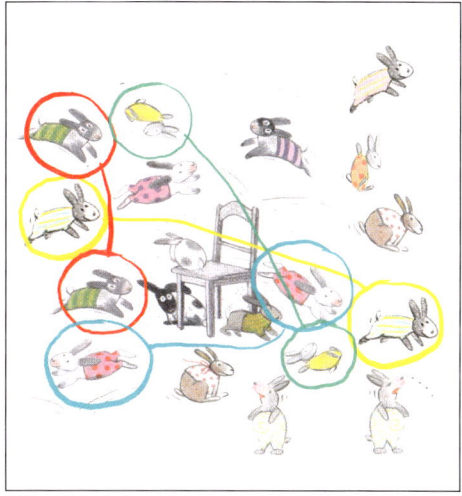

Seite 15

Reiher Kopffeder – Mütze Hase –
Punkte Kopftuch – Schalfarbe kleiner
Reiher – Griff Tröte – Augen Pinguin –
Fransen Tingeli Rock – Beine Tingeli
kürzer

Seite 16

von links nach rechts: Hose hellgrün –
rote Mütze – Brille – rosa Hausschuhe –
Augen zu – roter Schal – blaue Mütze –
Stirnband Schaf – Bärbeiß lächelt –
Streifenhose Schaf – Mund offen

Seite 18|19

Es sind 8 Eulen und 9 Hasen.

Seite 20|21

Vogel – Gartentür – Muster Kleid –
Blume links – Mondgesicht – Fenster-
gitter – Kaninchen im Fenster –
Schatten dicker – Maus hinter Bärbeiß –
Baum hinter Dach

Seite 17

Es sind 22 grüne Blätter.